Jens Göritz

Politische Erziehung in der DDR

Die Jugendweihe in der DDR

GRIN Verlag

Bibliografische Information der Deutschen Nationalbibliothek:

Die Deutsche Bibliothek verzeichnet diese Publikation in der Deutschen National-
bibliografie; detaillierte bibliografische Daten sind im Internet über http://dnb.d-
nb.de/ abrufbar.

Impressum:

Copyright © 2009 GRIN Verlag, Open Publishing GmbH
Druck und Bindung: Books on Demand GmbH, Norderstedt Germany
ISBN: 978-3-640-76148-7

Dieses Buch bei GRIN:

http://www.grin.com/de/e-book/159720/politische-erziehung-in-der-ddr

Veranstaltung: Probleme und Epochen der Bildungsgeschichte:
                   Die Bildung des Bürgers. Politische Bildung und
                   Erziehung im 20. Jahrhundert
Trimester: Wintertrimester 2009
Datum: 28.04.2009

HELMUT SCHMIDT
UNIVERSITÄT
Universität der Bundeswehr Hamburg

Ausarbeitung – Referat
Politische Erziehung in der DDR
Die Jugendweihe in der DDR

Name: Jens Göritz
Studiengang: BA Bildungs- und Erziehungswissenschaften

Inhalt

1. Einleitung

Im Rahmen des Seminars „Die Bildung des Bürgers. Politische Bildung im 20. Jahrhundert" wurde in einer Sitzung die politische Erziehung in der DDR behandelt. Die Jugendweihe in der DDR stellte eines von drei Referatsthemen dar. Möchte man sich mit diesem Thema auseinandersetzen, so erfordert es zuerst einer Klärung des Begriffs der „Politischen Bildung". Laut der Bundeszentrale für Politische Bildung, definiert sich Polittische Bildung (P.B.) wie folgt:

> „P.B. bezeichnet die vielfältigen, meist staatlich finanzierten Bemühungen, die Interessen und Fähigkeiten der Bürger und Bürgerinnen auf politische Zusammenhänge zu lenken, ihre politischen Kenntnisse und Einsichten zu erweitern, ihre Urteilskraft zu stärken und ggf. ihr politisches Engagement zu fördern. Das Interesse des Staates ist es insbesondere, die komplizierten Zusammenhänge zwischen Freiheit und Verantwortung, demokratischer Teilhabe und Herrschaft sowie die Normen und Prozesse moderner politischer Systeme zu vermitteln und damit (immer wieder neue) Legitimität zu schaffen. Das Interesse des Individuums ist es insbesondere, Teilhabemöglichkeiten zu erkennen, sich ggf. zu engagieren und politische Verantwortung zu übernehmen."[1]

Ziel der vorliegenden Arbeit soll es sein, das Thema „Jugendweihe in der DDR" vorzustellen und zu analysieren. Dazu ist die Arbeit wie folgt gegliedert. Nach der Einleitung befasst sich die Arbeit mit der Entstehung der Jugendweihe. Dabei wird auf die Ursprünge bis in die Zeit der Aufklärung zurückgegangen und die Entstehung der Jugendweihe bis zur Zeit der Teilung Deutschlands erläutert. Die Betrachtung der Entwicklung der Jugendweihe in der BRD soll nur in Ansätzen erfolgen.

Kapitel drei befasst sich explizit mit der Jugendweihe in der ehemaligen DDR und ist zur besseren Übersicht in drei Unterkapitel gegliedert. Während zunächst das Wiederaufleben der Jugendweihe in der DDR beschrieben wird, befasst sich das erste Unterkapitel mit den Jugendstunden als zentraler

---

[1] http://www.bpb.de/popup/popup_lemmata.html?guid=I4WKEQ Stand: 01.04.2009

Bestandteil der Jugendweihearbeit. Das anknüpfende Unterkapitel beschreibt den Inhalt und die Abläufe der Jugendweihefeier. Abschließend wird im dritten Kapitel unter Punkt drei das Gelöbnis als zentrales Moment der Jugendweihefeier betrachtet.

Während des gesamten Verlaufs der Arbeit soll verdeutlicht werden, welche Bedeutung die Jugendweihe für die politische Bildungsarbeit der SED hatte und wie man versuchte die Jugendlichen auf die bestehende Gesellschaft einzuschwören.

Kapitel vier soll zusammenfassend darstellen, inwiefern die Jugendweihe ideologisiert wurde und welchen Schwerpunkt die Bildungsarbeit hatte. Eine persönliche Einschätzung der Übertragbarkeit der in der Einleitung gegebenen Begriffsdefinition der politischen Bildung, soll diese Arbeit abschließen.

2. Zur Entstehung der Jugendweihe

Der Begriff der Jugendweihe weckt größtenteils Assoziationen mit der DDR, dies ist nicht unbegründet, jedoch ist dieser Brauch weitaus älter und schlägt zur Zeit der Aufklärung erste Wurzeln.[2] Kant beschreibt die Aufklärung als das Zeitalter der Vernunft. Der Mensch soll aus seiner selbstverschuldeten Unmündigkeit heraustreten und den Mut haben sich seines eigenen Verstandes zu bedienen.[3] Die Säkularisierung sowie die Abkehr von einer absolutistischen, hin zu einer demokratischen Staatsauffassung waren ausschlaggebende Veränderungen dieser Epoche. Das rationale Denken hielt Einzug in die Köpfe der Menschen, was folglich auch Auswirkungen auf die Kirche hatte. Das März-Edikt von 1847 ermöglichte es aus der Kirche auszutreten, woraufhin eine große Kirchenaustrittswelle aufkam. Daraus resultierten frei-religiöse Bewegungen, die nicht länger dem Zwang der Kirche Unterlagen und die dann auch ihre eigenen Feste feierten. Eines dieser Feste ging auf Eduard Baltzer zurück, welcher als Demokrat, Pfarrer und Abgeordneter tätig war. Dieser kehrte der Amtskirche den Rücken und führte 1852 in seiner Gemeinde die Jugendweihe anstelle der Konfirmation ein.[4] Anfangs wurde der Begriff der Jugendweihe weniger benutzt und etablierte sich so erst gegen Ende des 19. Jahrhunderts. Anstelle der kirchlichen Konfirmation stand nun in zahlreichen, von der Amtskirche unabhängigen Gemeinden, die Jugendweihe als Feier für konfessionsfreie Jugendliche, die die Schulentlassung und den Übergang in die Erwachsenenwelt symbolisieren sollte. Der Fakt, dass der Kirchenaustritt sehr teuer und mit einem Rufverlust innerhalb des sozialen Gefüges verbunden war, konnte es nicht verhindern, dass die Teilnahmerzahlen an Jugendweihen stiegen. Zunehmende Bedeutung erlangte die Jugendweihe durch die Ausbildung der Freidenkerorganisationen, welche sich durch ihre humanistische und wissenschaftliche Denkweise auszeichneten und sich dabei bewusst von der Religion distanzierten. Als Feier, die überwiegend von

---

[2] Vgl. Hallberg 1979, S. 5

[3] Vgl. http://www.uni-potsdam.de/u/philosophie/texte/kant/aufklaer.htm; Stand: 22.04.2009

[4] Vgl. Fischer 1998, S.24

5

Jugendlichen aus der Arbeiterschaft in Anspruch genommen wurde, nahm sie nun einen festen Platz in der Gesellschaft ein.[5] Im Zeitraum 1878 bis 1890 kam es dazu, dass sich viele Sozialdemokraten mit den Freireligiösen verbanden. Dieser Umstand war den repressiven Sozialistengesetzen geschuldet und führte dazu, dass die Jugendweihe zunehmend politisiert wurde und die Eingliederung der Jugendlichen in die Proletariergemeinschaft als weiteren Zweck umfasste.[6]

Das Ende des ersten Weltkrieges bescherte den Freidenkern große Zuläufe an Mitgliedern was wiederum Auswirkungen auf die Teilnehmerzahlen der Jugendweihe hatte. Weitere Auswirkungen hatten die Bestrebungen des sozialistischen Politikers und USPD Vertreters Adolph Hoffman. Dieser setzte unter anderem die Befreiung vom Religionsunterricht für Kinder, den gebührenfreien Kirchenaustritt und die Abschaffung der geistlichen Schulaufsicht durch.[7] Immer mehr Eltern und Verbände verlangten nach der Errichtung weltlicher und konfessionsloser Schulen, was wiederum durch die Kirchen und einige Parteien verhindert wurde. Jedoch war es möglich Sammelklassen zu etablieren, die diesen Forderungen nachkamen. Diese Sammelklassen und deren starke Schülerzahlen führten Factum dazu, dass sich freie Schulen bildeten. Die Teilnahme ganzer Schulklassen führte dann dazu, dass die Teilnehmerzahlen der Jugendweihe in die Höhe schnellten. All diese Umstände sorgten schon zu Beginn des 20. Jahrhunderts dafür, dass die Weimarer Republik das Zeitalter der Jugendweihe wurde.[8] Diese schnelle Etablierung der Jugendweihe und die steigenden Mitgliederzahlen fanden ihr jähes Ende mit der Machtübernahme Adolf Hitlers. Obwohl die Jugendweihe mit ihrer völkisch-nationalen Ausrichtung der NSDAP dienlich hätte sein können, wurde sie ebenso wie die freireligiösen Organisationen 1934 verboten. Als ausschlaggebend wurde die Dominanz der politischen Gegner (KPD und SPD), welche wie schon erwähnt zahlreich in freigeistigen Organisationen vertreten waren, betrachtet. Des Weiteren kommt hinzu, dass

---

[5] Vgl. Fischer 1998, S.24f

[6] Vgl. Kauke-Keçeci 2002, S.74f

[7] Vgl. http://jestrabek.homepage.t-online.de/hoffmann.htm ; Stand:22.04.2009

[8] Vgl. Meier 1998, S.144

es nicht geduldet wurde einer eigenen Ideologie oder Staatsidee nachzueifern.[9] Während der Zeit des Nationalsozialismus entstand jedoch eine ähnliche Form der Jugendweihe, welche als NS-Jugendweihe beziehungsweise „Verpflichtung der Jugend" bekannt wurde. Dieses Ritual verband die Aufnahme in die Hitlerjugend respektive den Bund deutscher Mädel sowie die Schulentlassungsfeier. Parallel dazu existierte die Firmung oder Konfirmation. Während der gesamten Zeit versuchte das NS-Regime die Jugendweihe oder andere sinnverwandte Feiern zu politische Zwecken zu nutzen.[10]

Wurden freireligiöse Organisationen und die gesamte Freidenkerbewegung während der NS-Diktatur abgeschafft, so fanden sie sich nach dem Sturz selbigen Regimes schnell wieder zusammen. Die Jugendweihe entwickelte sich im nun geteilten Deutschland sehr differenziert. Im Gebiet der BRD nahm man bereits 1946/47 das Konzept der Jugendweihe wieder auf und vollführte diese. So kam es, dass die Teilnehmerzahlen bis in die Mitte der fünfziger Jahre anstiegen.

„So nahmen 1948 in Berlin 3800 Jugendliche an der Jugendweihe teil, 1949/50 in Hamburg 2900 und 1953 waren es 3020."[11]

Ende der fünfziger Jahre beziehungsweise Anfang der sechziger Jahre ebbte diese positive Entwicklung ab, da die Freidenker vermehrt Probleme hatten während des Kalten Krieges ihre Vorstellungen darzustellen. Negativ kam hinzu, dass personelle Engpässe entstanden und sich die SPD aus der Jugendweihe zurückzog. So waren Jugendliche in der BRD ab diesem Zeitpunkt nahezu gezwungen die kirchliche Kommunion und Konfirmation zu besuchen.

Zusammenfassend betrachtete dieses Kapitel die Entstehung und Entwicklung der Jugendweihe bis hin zur Teilung Deutschlands. Wie sich die Jugendweihe in der DDR entwickelte soll nun im folgenden Kapitel vertieft werden.

---

[9] Vgl. Kauke-Keçeci 2002, S.76

[10] Vgl. Kauke-Keçeci 2002, S.77

[11] http://www.jugendweihe.de/Geschichte-der-Jugendweihe.html Stand: 01.04.2009

3. Die Jugendweihe in der DDR

Die Wiederaufnahme der Jugendweihe erfolgte in der DDR weitaus zögerlicher als in der BRD. Die Jugendweihe avancierte in der DDR zu einem politischen Thema mit besonderer Brisanz. In Städten wie Dresden, Berlin, Jena wurde die Jugendweihe unmittelbar nach 1945 wieder begangen, da hier schon vor 1933 eine Jugendweihetradition vorherrschte. Das Zentralkomitee (ZK) der Sozialistischen Einheitspartei Deutschlands (SED) war jedoch nicht gewillt, die Jugendweihe im freidenkerischen Sinn, wiederaufleben zu lassen sowie weltanschauliche Unterrichte zu genehmigen. Als Ersatz beschränkte man sich auf Schulentlassungsfeiern, die von entsprechenden Organisationen durchgeführt und unterstützt wurden.[12] Letztendlich kam es 1950 zum gesetzlichen Verbot der Jugendweihe. Nachdem Unmut bei vielen Parteimitgliedern aufkam, verfasste man eine Stellungnahme, die diese Entscheidung zu begründen versuchte. Das Verbot gründete auf der Tatsache, dass die Jugendweihe vor 1933 unter anderem dazu diente, die kämpferische Einstellung gegenüber der Kirche zu manifestieren sowie den Übergang beziehungsweise die Aufnahme in die kämpfende Arbeiterklasse zu feiern. Beide soeben dargelegten Aspekte waren laut SED obsolet, da die Kirche der DDR wohlgesonnen war und die Arbeiterklasse nun die führende Schicht innerhalb des Staates war. Der abschließende Satz des Beschlusses zum Verbot der Jugendweihe lautete, wie folgt:

„Dieser Beschluß wird es uns erleichtern, die führende Rolle der Arbeiterklasse im Kampf unseres ganzen Volkes um Frieden, Einheit und Fortschritt zu verwirklichen."[13]

Dieser Satz bekundete den tatsächlichen Grund des Verbots der Jugendweihe. Die SED hatte zum damaligen Zeitpunkt nämlich ihr Machtmonopol noch nicht vollends etabliert und wollte ihren Führungsanspruch gegenüber dem Freidenkertum geltend machen, um so aktiv die Gesellschaft nach ihren Wünschen gestalten zu können.[14]

---

[12] Vgl. Meier 1998, S.187

[13] Chowanski 2000, S.53

[14] Vgl. Meier 1998, S.187f

Was aber führte nun dazu, dass die Jugendweihe in den folgenden Jahren immer mehr zum Gegenstand der Politik der SED wurde, wieder eingeführt wurde und Millionen von Jugendlichen bis zum Jahr 1989 ihre Jugendweihe erhielten? Ein Umbruch im Denken der Partei erfolgte durch die Aufstände am 17. Juni 1953. Ausschlaggebend für die Unruhen waren sich verändernde gesellschaftliche Verhältnisse. Darunter fielen überzogene wirtschaftliche Forderungen, ideologischer Druck und die Verkennung der Realität seitens der SED. Dieser offene Konflikt zwischen Staatsvolk und Staatspartei führte unweigerlich zu Überlegungen, welche die staatsbürgerliche Erziehung thematisierten.[15]

> „[…] Es galt Formen zu finden, den Einfluss der Partei auszudehnen, besser gesagt, die Mehrheit des Volkes in die angestrebte Ordnung zu integrieren. […] Es ist anzunehmen, dass ihr die Wiedereinführung der Jugendweihe als geeignetes Mittel erschien. Denn hier hatte man die Möglichkeit, über Jugendweihestunden, Jugendweihefeier und Gelöbnis ein ganzes Jahr lang auf die Vierzehnjährigen einzuwirken."[16]

Zusätzlich war es auch dem Ritualbedürfnis der Bevölkerung geschuldet, die noch immer eine imaginäre Grenze von Jugendalter und Erwachsensein sah, welche es zu überschreiten galt, dass die Jugendweihe wieder thematisiert wurde.[17] Zeitnah zu den Aufständen beschloss das Politbüro am 6. Juli 1954 die Einrichtung eines Zentralen Ausschusses für Jugendweihe unter der Leitung von Wilhelm Schneller und Hans-Joachim Laabs, deren Aufgabe bestand darin, zur Jugendweihe aufzurufen, Richtlinien für die Jugendweihe aufzustellen, die Jugendweihe zu popularisieren, die Kreisausschüsse anzuleiten und zu kontrollieren, sowie den Lehrplan der Vorbereitungsunterrichte zu verfassen. Zusätzlich wurde die Einrichtung von Kreis- und Ortsauschüssen gefordert und umgesetzt, so dass flächendeckend die Teilnehmer ermittelt werden konnten. Als zentraler „Feiermonat" wurde dann der April 1955 veranschlagt. Die schnelle und überaus minutiöse Planung und die Tatsache, dass die aufkommenden

---

[15] Vgl. Chowanski 1998, S.53

[16] Rößling 1998, S.267

[17] Vgl. Kauke-Keçeci 2002, S.78

Kosten für die Organisation und Durchführung der Jugendweihe aus dem Staatshaushalt bezahlt wurden, lassen erkennen, welche Bedeutung der Jugendweihe seitens der Partei beigemessen wurde.[18]

Unausweichlich war der Konflikt, der sich zwischen der Partei und der Kirche anbahnte. Die Kirche protestierte gegen die aggressive Popularisierung der Jugendweihe und befürchtete eine Abkehr von einer konfessionellen Weltanschauung und die Hinwendung zu einer materialistischen, woraufhin sie eine stark polarisierende Haltung einnahm.

„Die jetzt geplanten Jugendweihen können für einen katholischen Christen niemals in Frage kommen;...“[19]

war eine von vielen Äußerungen, die seitens der Kirche vorgebracht wurden, um dem Trend der Jugendweihe entgegenzuwirken. Letztendlich führte dies dazu, dass in die Jugendweihe in katholischen Gebieten keinen Einzug erhielt, sich im übrigen Raum der Republik jedoch steigender Teilnehmerzahlen erfreute. 1955 nahmen 17,7% aller 14 Jährigen Schüler teil, diese Zahl sollte von nun an kontinuierlich steigen: 1956 23,7%, 1957 26,4%, 1958 44,1%, 1959 80,4%, 1960 87,8%, 1961 90,3%.[20]

Abschließend soll dieses Kapitel auf die Ziele oder den Zweck der Jugendweihe eingehen. Der Zentrale Ausschuss für Jugendweihe beschreibt die Jugendweihe als Akt, der die Aufnahme in das aktive gesellschaftliche Leben darstellt. Gleichzeitig wird von den Weihlingen verlangt in einem Gelöbnis ihre Kraft zum Fortschritt der menschlichen Gesellschaft zu verwenden.[21] Meier geht in seiner Arbeit noch auf Eigenschaften des „neuen“ Menschen ein, die an dieser Stelle jedoch nicht genannt werden sollen. Objektiv betrachtet impliziert die Jugendweihe die Erziehung auf politischer, moralischer Ebene und strebt die Herausbildung eines sozialistischen

---

[18] Vgl. Chowanski 1998, S.53

[19] Meier 1998, S.221

[20] Vgl. Kauke-Keçeci 2002, S.78

[21] Meier 1998, S.198

Gemeinschaftsgeistes an, was wiederum die Integration in das bestehende System intendierte.[22]

3.1 Die Jugendstunden

Bevor es zur Durchführung der Jugendstunden kam, wurde das offizielle Jugendweihejahr durch die Eröffnungsveranstaltungen im Zeitraum vom 01. September bis 07. Oktober durchgeführt. Inhaltlich wurde der Themenplan der Jugendstunden vorgestellt und das Ziel der Jugendweihefahrt bekanntgegeben. Hinzu kam ein frei gestaltbarer Teil, in dem sich die Teilnehmer aktiv einbringen konnten. So war es möglich, zum Beispiel zusätzliche Ausflüge in ein Gericht zu planen und dann auch durchzuführen, wenn ein Elternteil beispielsweise dort als Richter oder ähnliches fungierte. Jugendliche, die bereits ihre Jugendweihe hatten, standen den Weihlingen beratend zur Seite.[23]

Wie eben erwähnt, wurde in den Eröffnungsveranstaltungen der Themenplan für die Jugendstunden bekanntgegeben. Dieser wurde durch den „Zentralen Ausschusses für Jugendweihe" organisiert und ausgearbeitet. Am 3. Januar stand dieser Themenplan fest und wurde letztendlich beschlossen. Die Jugendstunden sollten in Vorbereitung auf die Jugendweihe zehn Stunden umfassen und die Jugendlichen mit Antworten auf Lebensfragen wie: *„1. Die Welt im All, 2. Die Entstehung des Lebens auf der Erde, 3. Vom Werden des Menschen,[...]"*[24] konfrontieren und sie auf das Ablegen des Gelöbnisses vorbereiten. Konnten hier anfänglich noch Parallelen zur proletarischen Jugendweihe gezogen werden, so lassen sich in den folgenden Jahren und durch den Einfluss politischer Richtungswechsel maßgebliche Veränderungen feststellen. Man distanzierte sich immer mehr von naturwissenschaftlich-weltanschaulichen Problemen, wie sie gerade genannt wurden und wandte sich stärker der staatsbürgerlichen Erziehung zu. So standen Anfang der 80er Jahre Themen wie: *„1.Wir erfüllen das revolutionäre Vermächtnis, 2. Unser sozialistisches Vaterland, 3. Freundschaft zum Lande*

---

[22] Vgl. Hallberg 1979, S. 141

[23] Vgl. Chowanski 1998, S.204f

[24] Fischer 1998, S.70

Lenins –Herzenssache unseres Volkes, [...][25] im Programm der Jugendstunden. Im Handbuch zur Jugendweihe von 1974 lautet das Ziel der Jugendweihe und somit auch der Jugendstunden, junge Persönlichkeiten herauszubilden, sie im sozialistischen Sinne zu bilden, zu erziehen und sie moralisch und ideologisch auf das Leben vorzubereiten.[26] Diese formulierten Ziele blieben im Großen und Ganzen bis zum Fall der Mauer bestehen, wurden jedoch in unbestimmten Abständen etwas umformuliert und dem jeweiligen politischen Kurs angepasst. Als Kontrollorgan zur Überwachung der themengerechten Durchführung der Jugendstunden schaltete man die Jugendstundenkommission zwischen, welche regelmäßige Beratungen durchführte.

Erwähnenswert im Rahmen der Jugendstunden ist es, dass diese nicht in Form von starren Frontalunterrichten abgehalten wurden, sondern dass ein Lehrgespräch angestrebt wurde. So lud man sehr oft Funktionäre der Arbeiterschaft, Wirtschaft, des Staates oder der Genossenschaften ein. So versuchte man die Jugendstunden inhaltlich zu bereichern und den Jugendlichen ein Bild vom Kampf der Arbeiterklasse zu vermitteln Zusätzlich lieferten die Funktionäre ein gutes Bild von der Arbeit und dem zukünftigen Leben in der DDR.[27] Über den theoretischen Teil hinaus gab es auch praktische Anteile im Rahmen der Jugendstunden. So wurden Besuche in kulturelle, wissenschaftliche und wirtschaftliche Einrichtungen organisiert, die es ermöglichten einen Einblick in die Gesellschaft zu nehmen. Als Höhepunkt wurden Jugendweihefahrten zu besonders bedeutsamen Orten, wie zum Beispiel das KZ Buchenwald durchgeführt. Historisch und politisch bedeutende Aspekte, die gegen die Sowjetunion hätten ausgelegt werden können, wie zum Beispiel die Nutzung des KZ Buchenwald als Internierungslager der Sowjets, wurden verschwiegen.[28] So versuchte man den Jugendlichen einen Einblick in die einwandfrei funktionierenden sozialistischen Strukturen zu geben und sie weiterhin politisch-ideologisch in

---

[25] Fischer 1998, S.71

[26] Vgl. Zentraler Ausschuss für Jugendweihe in der DDR 1974, S.11

[27] Vgl. Zentraler Ausschuss für Jugendweihe in der DDR 1974, S.47f

[28] Chowanski 1998, S.100

die „richtige" Richtung zu dirigieren.[29] Man bediente sich im Rahmen der Jugendstunden der Grundsätze der Gewohnheitspädagogik und

> *„Die Verantwortlichen hofften, durch stete Wiederholung ideologischer Phrasen diese und die so inszenierte Wirklichkeit den Weihlingen einzuprägen."*[30]

Es lässt sich also schon erkennen, welche Funktion die Jugendweihe in der DDR hatte. Sie war nicht mehr nur ein Fest, welches den Übergang der Jugendlichen in die Welt der Erwachsenen zelebriert, sondern wurde zu einem Instrument der politischen Bildung und Erziehung umfunktioniert.

3.2 Inhalt und Ablauf der Jugendweihefeier

Die Jugendweihefeiern waren Höhepunkte des Jugendweihejahres und durchaus bedeutsame gesellschaftliche Ereignisse.[31] Die Organisation und Gestaltung der Feier wurden sehr frei durchgeführt, das heißt die Jugendlichen durften ihre Wünsche und Ideen einbringen, so erhoffte man sich eine stärkere Identifizierung mit der Jugendweihe und der damit verbundenen Inhalte.[32]

Neben dem Rahmenprogramm bestand die Feier aus einem festen Ablauf (Einzug, Begrüßung, Festrede, Gelöbnis, Übergabe der Geschenkbücher und Jugendweiheurkunden, Geleitspruch), der nicht verändert wurde. Nach dem Einzug der Jugendlichen wurde ein Musikstück gespielt, welchem ein Begrüßungsspruch folgte. Die Musikstücke und Begrüßungssprüche wurden sehr sorgfältig und mit Bedacht gewählt, um der Veranstaltung einen tiefgründigen Charakter zu verleihen, die Jugendlichen geistig mit einzubinden und nachhaltig im Gedächtnis zu bleiben. Das Rahmenprogramm variierte von Veranstaltung zu Veranstaltung und umfasste auch Tanzvorführungen, Gesang sowie Gedichtvorträge.

Die Festrede diente der Bewusstmachung der Verantwortung als vollwertiges Mitglied der sozialistischen Gesellschaft. Ihr maß man eine hohe Bedeutung

---

[29] Vgl. Kauke-Keçeci 2002, S.82f

[30] Chowanski 1998, S.209

[31] Vgl. Zentraler Ausschuss für Jugendweihe in der DDR 1968, S. 135

[32] Vgl. Zentraler Ausschuss für Jugendweihe in der DDR 1968, S. 137

bei, da sich hier die Gelegenheit bot, Inhalte bestimmter politischer und gesellschaftlicher Ereignisse zu verdeutlichen und somit zur politischen Erziehung beizutragen. Gerade deshalb griff man hier auf erfahrene Redner zurück, die Repräsentanten der sozialistischen Gesellschaft waren und aus allen Bereichen dieser kamen.[33] So hielt 1984 beispielsweise Egon Krenz (Mitglied des Politbüros und Sekretär des Zentralkomitees der SED) die Festrede in Ribnitz-Damgarten.[34] Im Anschluss an die Festrede erfolgte der Mittelpunkt der Jugendweihefeier. Die Weihlinge mussten ihr Gelöbnis abhalten. Genaueres zum Gelöbnis soll im folgenden Unterkapitel erläutert werden. Der Verkündung des Gelöbnisses folgte die Übergabe der Geschenkbücher. Diese hatten den Zweck den Sinn der Jugendweihe nochmals zu unterstreichen. Ferner sollten sie einen Kompass für die Lebenseinstellung sein. Inhaltlich verfolgten die Bücher jedoch auch strategisch taktische Aufgaben unter dem Blickpunkt der Ideologisierung.[35] Nach dem abschließenden Geleitspruch und der Nationalhymne, war der offizielle Teil der Jugendweihefeier beendet und das Fest ging in den inoffiziellen Teil im Kreise der Familie über.

3.3 Das Gelöbnis

Im Rahmen der Jugendweihe hatten die Jugendlichen, als Mittelpunkt beziehungsweise Höhepunkt der Veranstaltung,[36] ein Gelöbnis abzulegen und sich zu den darin enthaltenen Punkten zu bekennen. Interessant ist es, dass Kinder in der DDR bis zu ihrem 14. Lebensjahr zwei Versprechen ablegen mussten. Diese bestanden darin, gute Jungpioniere zu werden und mit Beginn der vierten Klasse, nach den Pioniergesetzen zu handeln. Mit Einführung der Jugendweihe kam nun ein drittes „Versprechen" in Form des Gelöbnisses hinzu.[37] Begründet wurde das Gelöbnis in einem Schreiben des „Zentralen Ausschusses für Jugendweihe". Es diente dazu, den Jugendlichen ein Versprechen für den Fortschritt und ein einheitliches, friedliebendes und

---

[33] Vgl. Zentraler Ausschuss für Jugendweihe in der DDR 1968, S.141

[34] Vgl. Zentraler Ausschuss für Jugendweihe in der DDR 1968, S.142

[35] Vgl. Chowanski 1998, S.103

[36] Vgl. Meier 1998, S.200

[37] Vgl. Chowanski 1998, S.112

demokratisches Deutschland einzusetzen, abzuverlangen. Zeitgleich beteuerte man, dass es sich um keinen Eid oder Schwur handle sowie keine Ideologie vermittelt würde, da dies zu komplex für Jugendliche im Alter von 14 Jahren sei.

Der Inhalt des Gelöbnisses war einem Wandel unterworfen. Die Literatur unterscheidet in drei Versionen des Gelöbnistextes, die sich im Laufe der Zeit dem politischen Kurs anpassten und auch stets in der gültigen Verfassung der DDR aufzufinden waren.[38] Am 17. Februar 1955 wurde per Beschluss die erste Version des Gelöbnistextes veröffentlicht (siehe Anlage1), in der ein politisches Bekenntnis zum Arbeiter- und Bauernstaat eingefordert wurde.[39] Politischen und gesellschaftlichen Veränderungen geschuldet, folgte bereits 1957 eine Änderung des Gelöbnistextes (siehe Anlage 2), hier standen Treue zum Arbeiter- und Bauernstaat, zum Sozialismus und der Sowjetunion als oberste Maxime. Die dritte und bis zum Ende der DDR gültige Gelöbnisformel (siehe Anlage 3) war an die zweite Verfassung der DDR angelehnt und stellte die führende Rolle der SED heraus. Inhaltlich sehr komplex geschrieben und hoch ideologisch, wies man jedoch Anträge zur Veränderung zum besseren Verständnis für die Jugendlichen seitens der SED zurück.[40]

---

[38] Vgl. Chowanski 1998, S.112

[39] Vgl. Chowanski 1998, S.112

[40] Vgl. Chowanski 1998, S.116

4. Fazit

Nachdem im Verlauf dieser Arbeit die Jugendweihe im Allgemeinen sowie explizit die Jugendweihe in der DDR betrachtet wurden, soll nun eine abschließende persönliche Bewertung des Themas erfolgen. Ziel dieser Arbeit war es, darzustellen inwiefern die Jugendweihe in der DDR zu politischen Zwecken genutzt wurde und ob sich die heutige Definition für Politische Bildung im Zusammenhang mit dem erörterten Thema wiederfinden lässt.

Die Jugendweihe als Feier, die den Übergang in die Erwachsenenwelt symbolisierte, wurde in der DDR zu einem Festakt erhoben, welcher den Jugendlichen ein Gelöbnis auf die Ziele der DDR abverlangte. Als freiwillige Veranstaltung proklamiert, galt sie inoffiziell als „Eintrittskarte ins gesellschaftliche Leben der DDR."[41] Sie entwickelte sich zu einem Mittel der staatsbürgerlichen Erziehung.[42] Die Nichtteilnahme hatte weitreichende Konsequenzen. Man versagte Schülern Lehrstellen, Zulassungen zur Oberschule oder setzte die Eltern unter Druck, um eine Entscheidungsänderung herbeizuführen.[43] So wandelte sich die Jugendweihe zu einer „staatlichen Verpflichtungsfeier". Warum sonst kontrollierten die Ortsausschüsse die Teilnehmerzahlen und meldeten diese weiter, so dass man versuchte mit Werbekampagnen die schon sehr hohen Teilnehmerzahlen noch weiter zu erhöhen?[44] Ein weiteres Indiz dafür, dass die Jugendweihe eine gezielte Beeinflussung der Jugendlichen darstellte, war die Tatsache, dass sie durch staatliche Organe verantwortet wurde. Die Jugendarbeit vor den Jugendweihen bestand aus moralischen Kategorien, die Liebe, Hass, Freund, Feind etc. hießen. Sie bereitete die Jugendlichen auf das Leben in der sozialistischen Gesellschaft und nicht wie proklamiert auf das Leben im allgemeinen Sinne vor.[45] Dies lässt sich auch am Wandel der Gelöbnisformel belegen, die sich immer mehr auf parteiliche Punkte und

---

[41] Kauke-Keçeci 2002, S.84

[42] Kauke-Keçeci 2002, S.81

[43] Vgl. Meier 1998, S.219

[44] Vgl. Meier 1998, S.215

[45] Vgl. Meier 1998, S.220

das Leben im Sozialismus bezog. Auch die Übernahme relativ hoher Kosten seitens des Staates, sowie äußerst hohe Akribie bei der Planung, Durchführung und Kontrolle der Jugendarbeit weisen auf die Bedeutung der Jugendweihe für parteipolitische Ziele hin.

Trotzallem erfreute sich die Jugendweihe einer großen Beliebtheit innerhalb der Bevölkerung, was sich anhand der vielen hauptamtlichen und ehrenamtlichen Mitarbeiter belegen lässt.[46] Diese sah jedoch eher den feierlichen Aspekt dieser Veranstaltung.[47] Die beabsichtigte politische Erziehung / Bildung wurde von parteilicher Seite angestrebt, jedoch fand sie nicht den Nährboden, den sie sich erhofft hatte.[48]

Resümierend bleibt zu sagen, dass die eingangs aufgeführte Definition der Politischen Bildung in ihren Kernaussagen wohl auf das zutrifft, was die SED zur damaligen Zeit durchführte, jedoch bin ich der festen Überzeugung, dass die hier gelieferte Definition keine Indoktrination des Staatsvolkes intendiert.

---

[46] Kauke-Keçeci 2002, S.80

[47] Fischer 1998, S.205

[48] Kauke-Keçeci 2002, S.91

5. Anlagen

Anlage 1 Gelöbnistext 1955[49]

LIEBE JUNGE FREUNDE!

Seid ihr bereit, alle Eure Kräfte für ein glückliches Leben der werktätigen Menschen und für den Fortschritt in Wirtschaft, Wissenschaft und Kunst einzusetzen?

JA, DAS GELOBEN WIR!

Seid ihr bereit, alle Eure Kräfte für ein einheitliches, friedliebendes, demokratisches und unabhängiges Deutschland einzusetzen?

JA, DAS GELOBEN WIR!

Seid ihr bereit, im Geiste der Völkerfreundschaft zu leben und alle eure Kräfteeinzusetzen, um gemeinsam mit allen friedliebenden Menschen den Frieden bis aufs äußerste zu verteidigen und zu sichern?

JA, DAS GELOBEN WIR!

---

[49] Meier 1998, S.200

Anlage 2 Gelöbnistext 1957[50]

LIEBE JUNGE FREUNDE!

Seid ihr bereit, als true Söhne und töchter unseres Arbeiter- und Bauernstaates für ein glückliches Leben des ganzen deutschen Volkes zu arbeiten und zu kämpfen, so antwortet mir:

JA, DAS GELOBEN WIR!

Seid ihr bereit, mit uns gemeinsam Eure ganze Kraft für die große und edle Sache des Sozialismus einzusetzen, so antwortet mir:

JA, DAS GELOBEN WIR!

Seid ihr bereit, für die Freundschaft der Völker einzutreten und mit der Sowjetunion und allen friedliebenden Menschen der Welt den Frieden zu sichern und zu verteidigen, so antwortet mir:

JA, DAS GELOBEN WIR!

---

[50] Meier 1998, S.201

Anlage 3: Gelöbnistext ab 1968[51]

LIEBE JUNGE FREUNDE!

Seid ihr bereit, als junge Bürger unserer Deutschen Demokratischen Republik mit uns gemeinsam, getreu der Verfassung, für die große und edle Sache des Sozialismus zu arbeiten und zu kämpfen und das revolutionäre Erbe des Volkes in Ehren zu halten, so antwortet:

JA, DAS GELOBEN WIR!

Seid ihr bereit, als treue Söhne und Töchter unseres Arbeiter-und-Bauern-Staates nach hoher Bildung und Kultur zu streben, Meister eures Fachs zu werden, unentwegt zu lernen und all euer Wissen und Können für die Verwirklichung unserer großen humanistischen Ideale einzusetzen, so antwortet:

JA, DAS GELOBEN WIR!

Seid ihr bereit, als würdige Mitglieder der sozialistischen Gemeinschaft stets in kameradschaftlicher Zusammenarbeit, gegenseitiger Achtung und Hilfe zu handeln und euren Weg zum persönlichen Glück immer mit dem Kampf für das Glück des Volkes zu vereinen, so antwortet:

JA, DAS GELOBEN WIR!

Seid ihr bereit, als wahre Patrioten die feste Freundschaft mit der Sowjetunion weiter zu vertiefen, den Bruderbund mit den sozialistischen Ländern zu stärken, im Geiste des proletarischen Internationalismus zu kämpfen, den Frieden zu schützen und den Sozialismus gegen jeden imperialistischen Angriff zu verteidigen, so antwortet:

JA, DAS GELOBEN WIR!

---

[51] Meier 1998, S.202

20

6. Literaturverzeichnis

Buchquellen:

Fischer, Christian: Wir haben euer Gelöbnis vernommen. Konfirmation und Jugendweihe im Spannungsfeld. Leipzig 1998

Hallberg, Bo: Die Jugendweihe. Zur deutschen Jugendweihetradition. 2.Auflage. Göttingen 1979

Kauke-Keçeci, Wilma: Sinnsuche – Die semiotische Analyse eines komplexen Ritualtextes. Am Beispiel der ostdeutschen Jugendweihe nach 1989. Frankfurt am Main 2002

Meier, Andreas: Jugendweihe – Jugendfeier. Ein deutsches nostalgisches Fest vor und nach 1990. München 1998

Zentraler Ausschuß für Jugendweihe in der Deutschen Demokratischen Republik: Handbuch zur Jugendweihe. Eine Anleitung für die Mitglieder der Ausschüsse für Jugendweihe und Jugendstundenleiter. Berlin 1974

Zentraler Ausschuß für Jugendweihe in der Deutschen Demokratischen Republik: Handbuch zur Jugendweihe. Eine Anleitung für die Mitglieder der Ausschüsse für Jugendweihe und Jugendstundenleiter. Berlin 1986

Onlinequellen:

http://www.uni-potsdam.de/u/philosophie/texte/kant/aufklaer.htm; Stand: 22.04.2009

http://jestrabek.homepage.t-online.de/hoffmann.htm ; Stand: 22.04.2009

http://www.jugendweihe.de/Geschichte-der-Jugendweihe.html